Los animales viven aquí

La vida en las montañas

por Connor Stratton

nivel 2 little blue readers en español

www.littlebluehousebooks.com

Traducción: © 2023 por Little Blue House
Título original: Life in the Mountains
Texto: © 2023 por Little Blue House
Traducción: Annette Granat

La serie Little Blue House es distribuida por North Star Editions.
sales@northstareditions.com | 888-417-0195

Este libro ha sido producido para Little Blue House por Red Line Editorial.

Fotografías ©: Imágenes de Shutterstock: portada, 4, 7 (imagen inferior), 9, 15 (imagen superior), 15 (imagen inferior), 16–17, 18, 21 (imagen superior), 21 (imagen inferior), 23, 24 (esquina superior izquierda), 24 (esquina superior derecha), 24 (esquina inferior derecha); imágenes de iStock: 7 (imagen superior), 11, 12, 24 (esquina inferior izquierda)

Library of Congress Control Number: 2022912223

ISBN
978-1-64619-696-8 (tapa dura)
978-1-64619-728-6 (tapa blanda)
978-1-64619-790-3 (libro electrónico en PDF)
978-1-64619-760-6 (libro electrónico alojado)

Impreso en los Estados Unidos de América
Mankato, MN
012023

Sobre el autor

Connor Stratton disfruta explorar nuevos lugares, detectar nuevos animales y escribir libros para niños. Él vive en Minnesota.

Tabla de contenido

Animales de montaña **5**

Las aves **13**

Los mamíferos **19**

Glosario **24**

Índice **24**

yak

Animales de montaña

Las montañas son altas y frías.

Los yaks viven aquí.

Muchos otros animales también viven aquí.

Las cabras viven en
las montañas.
Ellas tienen cuernos y pezuñas.
Ellas pueden escalar montañas
y saltar por las rocas.

cuerno
cabra

roca
pezuña

Las marmotas viven en las montañas. Ellas tienen grandes dientes delanteros.

dientes
marmota

Las mariposas viven en
las montañas.
Ellas vuelan con sus alas
de colores.

mariposa

Las aves

Las aves viven en las montañas. Algunas pueden volar tan alto como una montaña.

Los cuervos viven en las montañas.
Estos pájaros tienen plumas negras.
Los buitres también viven en las montañas.
Estas aves tienen cuellos largos y alas grandes.

cuervo

buitre

Las águilas viven en
las montañas.
Estas aves tienen
garras afiladas.
Ellas usan las garras para
agarrar animales pequeños.

águila
garra

pelaje

Los mamíferos

Muchos mamíferos viven en las montañas.
Los mamíferos tienen pelaje o pelo.

Los leopardos viven en las montañas. Estos mamíferos tienen el pelaje manchado. Las llamas también viven en las montañas. Estos mamíferos tienen el cuello largo.

mancha
leopardo

cuello
llama

Los osos viven en las montañas. Estos mamíferos tienen un pelaje grueso y los dientes afilados. Ellos pueden rugir con fuerza.

OSO

Glosario

águila

leopardo

cabra

oso

Índice

B

buitres, 14

L

llamas, 20

M

marmotas, 8

Y

yaks, 5